続・ドイツ統一と天皇

新冷戦の始まり

宮越 極

文芸社

挿絵・地図　油井　久美子

はじめに

２０１９年10月に『ドイツ統一と天皇』を上梓してから４年経過した。ドイツ統一のきっかけとなった１９８９年11月９日のベルリンの壁崩壊から今年２０２３年は34年目であったが、今年の11月９日の記念日、ベルリンの壁崩壊に関するマスコミの報道は、日本はもとよりドイツでも何もなかった。

ベルリンの壁崩壊は、もはや改めて想起するに値しない出来事になってしまったのか？統一ドイツの今の姿がドイツ人の意識の中で全く当たり前の事実になってしまい、ベルリンの壁崩壊の出来事を今さら懐古するまでもないということなのだろうか？

しかし、ベルリンにおいては、同じ11月９日に、別の出来事がシュタインマイヤー大統領とショルツ首相の出席のもと大きな行事として開催されていた。

それは、１９３８年11月９日の「クリスタルナハト・水晶の夜」または「ポグロムナハト・虐殺の夜」という出来事で殺されたユダヤ人たちの追悼のための集会だった。

すなわち、1938年11月9日の夜から10日の未明にかけて、戦前のナチスドイツ・ヒトラーの支配下の首都ベルリンなどで、大規模な反ユダヤ主義の暴動があり、ユダヤ人の居住する住宅地域やシナゴーグなどが次々と襲撃、放火され、商店などの窓ガラスが路上に散らばり、月明かりに照らされてきらめいていたことに由来して、当時いわば暴動を美化する言葉として、「水晶の夜」と呼ばれた出来事に対するものだった。

この事件が600万人と言われるその後のナチスによるユダヤ人虐殺「ホロコースト」の先駆けとなったものであり、この犠牲者のユダヤ人の追悼集会は、この時、ベルリンの壁崩壊の記念日よりも大事なドイツ政府の記念行事であったに違いない。

折から、1か月前の10月7日には、パレスチナのガザにおいてハマースによるイスラエルに対する襲撃・人質事件が発生していた。

『ドイツ統一と天皇』を執筆してから4年、ドイツ統一に向け「冷戦終結宣言」が父ブッシュとゴルバチョフとの間で行われ、つかの間の比較的落ち着いた世界情勢が現れたものの、その後の世界は新しく台頭した中国も絡んで、近時波乱の動きが急である。プーチンによるウクライナ戦争が始まったかと思ったら、パレスチナでイスラエルとハマースの間でも戦争が始まってしまった。

これから世界はどうなるのだろうか？　新しい冷戦どころか、再び世界大戦を人類は迎えねばならないのだろうか？　ドイツ統一とともにもたらされた冷戦の終了、新しい民主主義を基調とする平和と秩序の世界を、我々はもはや手放さねばならないのだろうか？

　このことを真剣に考える時、我々は改めて、拙著の中で示した「最後の東西冷戦時代」を振り返り、今後の世界の動きを考えてみる必要があると思うのである。

　その手掛かりとして、私が故郷金沢で10年前に行った講演録を紹介したい。

目次

講演・最後の東西冷戦時代を振り返って

（２０１３年９月27日　於　石川県警察本部）

1

私のおいたちと警察人生

先週22日の日曜日（2013年9月）、日本の反対側ドイツでは、4年ぶりのドイツ連邦議会の総選挙の投票が行われました。その結果、アンゲラ・メルケル首相率いるキリスト教民主・社会同盟（CDU・CSU）が大勝し、メルケル首相が過半数獲得のために野党社会民主党（SPD）と大連立を組んでの、第3次メルケル政権が誕生するのではと報じられました。

ギリシャの財政破綻問題に端を発するEUの信用不安の問題に、EUの中心国ドイツがどのように対応していくのか、メルケル首相の采配に世界が注目しています。

メルケルさんは、ドイツで初めての女性首相ですが、その先輩は、イギリスのマーガレット・サッチャーさんでした。今春（2013年4月8日）亡くなって、チャーチル元首相並みの準国葬が執り行われました。

各国の要人がその葬儀に参列しましたが、ドイツからはメルケル首相が、女性首相の先輩に対して敬意を込めて丁寧な弔辞（「個人の自由が彼女の信念の中核であり、東欧の自由化の動きに早くから注目してこれを支援した。私は、欧州分断の克服と冷戦終了における彼女の貢献を忘れない」）を寄せたものの、大統領以下主な要人は参列せず、冷ややかな対応となりました。

なぜ、このようなことになったのでしょうか。これからの私の話の中から、その理由はおのずとお分かりいただけると思います。

今日は、「最後の東西冷戦時代を振り返って」という、ちょっと大げさな題目でお話をしますが、ご紹介のとおり昨年関東管区警察局長で退官した私は、昭和52年（1977年）に警察庁に入庁以来、幾つかの都道府県警察を含め、内閣官房や公安調査庁、阪神高速道路公団など、警察ばかりでなく、他省庁へも出向しました。

実はその中で、1か所の勤務地で一番長く勤務したのが、外務省に出向しての在ドイツ連邦共和国一等書記官時代です。丸3年勤務し、その間に赴任前には予想もしなかったベルリンの壁の崩壊、そして東西冷戦の終了という、望んでも得られない貴重な経験をさせてもらいました。その感動の一端を皆様にお伝えして、今後の世界情勢を見、また日本の治安を維持していく上での参考になればと思い、お話しする次第です。

しかし、その前に私自身の警察人生を振り返って若干お話をいたします。

私・宮越極（みやこしきわむ）は、昭和28年（1953年）7月に、母の実家である石川県奥能登（のと）の宇出津（うしつ）のちょっと手前、昔は国鉄バスの停留所「能登間島（まじま）」のあった所で生まれました。父は小松なので、小松出身と紹介されましたが、金沢が一番長く、自分では金沢出身と思っています。

青雲の志を抱いて上京し、昭和51年（1976年）に東大法学部の私法学科を卒業した後、東大の大学院法学政治学研究課程の雄川一郎先生の行政法の研究室に進みましたが、国家公務員上級職試験に合格して中退し、昭和52年（1977年）に同期生19人で警察庁に入庁しました。

警察庁では、幹部候補生の若手を「見習い」と呼んで鍛えますが、当時中野の警察大学校で、剣道、柔道、逮捕術、拳銃等の術科を含めてにわか警察官の3か月の研修を受けた後、警視庁ほか、大阪、愛知、神奈川、兵庫、福岡等大県で実務を経験させるため、私の場合、同期生もう一人と共に愛知県警察に派遣され、名古屋の中警察署で、外勤警察と刑事警察を警部補として半年間勤務させてもらいました。

その後、2か月間本部勤務となりますが、愛知県警察での見習い勤務としては初めて、私は、本部の捜査第四課に配属されました。

それまでは、見習いが2人いれば、1人は警備部門、愛知であれば警備部公安第一課に配属、もう一人は刑事部門、愛知であれば刑事部捜査第二課に配属というのが恒例でした。私も、どちらかへ配属になるかと思っていたのですが、蓋を開けてみれば、同期生2人とも刑事部門に配属となり、今は亡き高石和夫君が捜査第二課で、私が捜査第四課となりました。

その時の捜査第二課長は、のちに長官、さらには官房副長官となった漆間巌（うるまいわお）さんであり、捜査第四課長は地元の生え抜きの方でしたが、次席さんが石川県警の警部補だった私の父と管区警察学校の同期生で、「自分が宮越の息子の面倒を見てやろう」ということだったようです。

その時の捜査第四課での見習い勤務の経験は、私にとって大変貴重なものであり、その後、全く暴力団対策に携わることがなかったのに、徳島県警本部長の後、暴力団対策第二課長を拝命した時の心の支えとなりました。

なんといっても、その頃の名古屋では、今や全国暴力団組織のトップである山口組6代目司忍（つかさしのぶ）こと篠田健市が、弘道会の前身の弘田組の幹部として売り出し中の時期で、「栄」の繁華街で肩で風を切って歩いているというウワサは、私も先輩刑事さんから聞いていました。

中署での刑事の見習い勤務時代も、先輩暴力団担当刑事に連れられて、暴力団の事務所回りをしましたが、その頃から、地元の暴力団と山口組の弘田組とはちょっと違うということを経験しました。

当時の地元の暴力団稲葉地（いなばじ）一家など、今では山口組に吸収されてしまいましたが、その傘下の組長さんの所を訪ねると、「東京からの係長さんがよく見えられた」と大歓迎で、

「わしら博打(ばくち)一本でほかに悪いことはしていません。それに引き換え、山口のやつらは、口では麻薬撲滅とか言いながら、金になることなら何にでも手を出して私ら地元の者をいじめるんです。どうか山口をやっつけてください」と訴えるわけです。

もっとも当時は、弘田組の港近くの3階建ての事務所にも、警察が顔を出すことはできました。私も一度行きましたが、一応玄関には入れますが、「特に用事がないならさっさと帰れ」という態度で、取り付く島がありません。地元の暴力団とは全く違う体質でした。今は、令状を持っていなければ事務所の中に入れないのはもとより、弘道会のほうが警察官をマークして視察している始末です。地元の組長さんの声を思い出します。

愛知県警察での見習い勤務を終え、警察庁本庁に警部として配属され、本庁での2年間の見習い勤務の後、すなわち入庁から3年後の夏には警視に昇進して、県警の課長ポストに就きました。その昭和55年（1980年）8月に私が就いたのは、秋田県警察本部警備部警備第一課長というポストでした。

秋田での新米課長の2年目、昭和56年（1981年）8月5日に、アジアの日本で起きた、当時世界的な冷戦下ならではの強烈な印象の出来事がありました。それは「男鹿脇本(おがわきもと)事件」といいまして、今ではインターネットの百科事典であるウィキペディアにも掲載されていますが、その後の私の警察人生にも大きな影響を与えました。

詳しく話すと今日の持ち時間をオーバーしますので、かいつまんで申し上げます。

冷戦下、朝鮮半島が南北に分断された中で、北朝鮮は韓国革命のために日本を利用していたわけですが、ある在日の韓国人青年が東京で働いているうちに北朝鮮の工作員の働きかけを受け、事件発覚の1か月前の7月5日に東京から秋田に当時国鉄の汽車に乗って北上し、秋田県の男鹿半島の付け根の脇本海岸でゴムボートの出迎えを受け、工作船に乗り移って北朝鮮に密出国しました。

清津（チョンジン）の港から山に入った「招待所」で、金日成の韓国革命のためのチュチェ（主体）思想の勉強をし、ちょうど1か月後の昭和56年（1981年）8月5日に、脇本海岸の沖合で工作船から乗り換え、ゴムボートで2人の工作員に付き添われて砂浜海岸に着いたところを、折から沿岸警備をしていた秋田県警察に密入国の入管法違反で検挙されたというものでした。検挙した秋田県警察の担当は、まさに私の部下たちであったわけです。

当時、警備警察では、日本海沿岸が北朝鮮にいろいろと利用されていることはつかんでいて沿岸警戒をしていたわけですが、それでも横田めぐみさんが、既にこの4年前の昭和52年（1977年）に新潟で拉致されていたことは、全く分かってはいませんでした。そんな時代です。

この事件の影響もあったと思います。翌年（1982年）、私は、警視庁公安部の外事

第一課の課長代理に異動します。外事第一課は、東西冷戦のまさに東の大将、ソビエト連邦・ソ連（現・ロシア）の日本での各種有害活動に目を光らせる仕事で、昭和55年（1980年）には、自衛隊の元陸将補をソ連軍諜報部GRUのスパイとして摘発した「コズロフ・宮永事件」で勇名をはせました。

私もそのような事件に出会うかもしれないと予感しながら、ぶち当たったのが「レフチェンコ事件」で、これもウィキペディアに掲載されていますが、専門的には、直接国家公務員法違反等の事件検挙がありませんでしたので、「レフチェンコ事案」と呼んでいます。

これも詳しく話しだせばきりがありませんので、かいつまんで申し上げます。

ソ連KGBの少佐で、東京で『ノーボエ・ブレーミア』という雑誌の記者の肩書きで活動していたスタニスラフ・レフチェンコという人物が、昭和54年（1979年）にアメリカに亡命し、57年（1982年）になってアメリカ議会下院の情報特別委員会の秘密聴聞会で、自分の日本での活動を含めてソ連の対日諸工作を証言しました。

そして私が外事第一課に異動して半年も経たないうちに、日本にも伝えられ、政界、財界、マスコミを含めて大騒ぎになりました。特にマスコミが、自分たちの仲間、どの社の誰がソ連のエージェントかと取材合戦を繰り広げました。

事件検挙こそありませんでしたが、当時のソ連の対日工作については、我々の捜査を通じて、「ソ連の積極工作・アクティヴメジャーズ」として「信憑(しんぴょう)性が高い」と世間に初めて紹介されました。

事件検挙ができなかったため、私としては内心忸怩(じくじ)たる思いがあったものの、当時中曽根内閣で後藤田官房長官の下で秘書官であった杉田和博現官房副長官が、講談社から出版された『私の後藤田正晴』という後藤田さん追悼の本の中で、当時この事件の処理を巡って下手をすると中曽根内閣が崩壊しかねないと、後藤田さんの一番の懸案事項だったということを書かれています。

それを読んで、事件検挙できなかったことは、むしろ国鉄改革等の大仕事をした中曽根内閣にとっては幸いであったのかと思っている次第です。

さて、警視庁外事第一課の2年間の勤務を終えて、本庁の長官官房企画課の課長補佐に異動しました。警視庁の後任は、今、警視総監の西村泰彦君ですし、企画課の前任は、「暴力団対策法」の法案化に貢献のあった吉田英法さんです。

企画課というのは、当時の大蔵省だと文書課に当たるわけですが、警察白書の作成や庁内の総合調整に当たるほか、各省庁との権限争議の窓口ともなる、肉体的にも精神的にも大変きつい職場で、その割には課長補佐も当時1人だけで、歴代1年か1年半で交代していました。

そこを2年やって卒業という時に、ドイツ勤務という思いがけないプレゼントをいただきました。同期生から、「実は自分がドイツへ行くはずだったのが、宮越に取られてしまった」と聞かされて、何とも言えない嫌な気持ちがしていましたが、その同期生は、このたびデンマーク大使になってその分を取り戻しています。

いよいよこのパワーポイントのドイツに入っていきます。

企画課を昭和61年（1986年）夏に卒業し、それから外務研修所で半年間、ドイツ語の勉強を含め、にわか外交官の修業をして、昭和62年（1987年）3月にドイツに赴任しました。当時西ドイツの首都ボンです。

2

ベルリンの壁崩壊の裏側で

赴任　１９８７年３月～１９９０年３月　西ドイツ首都ボン
在ドイツ連邦共和国日本国大使館一等書記官として

この写真は、ボン市庁舎前の広場・マルクトプラッツで、その真ん中に立っているベートーヴェン像の後ろからピンク色の市庁舎に向かって撮影したものですが、向かって右側はミュンスターと呼ばれる教会です。ドイツばかりでなくヨーロッパの古い町は、概ね皆同じような役所と教会と広場の配置になっており、中世には広場で、中国や北朝鮮のように公開処刑が行われていました。

今では、ドイツの首都はベルリンということが当たり前になっていて、忘れられがちですが、１９４９年（昭和24年）から１９９０年（平成２年）までは、西ドイツはボンという小さな町が首都だったのです。

イギリスのロンドンやフランスのパリと比べて、一国の首都というにはあまりにも小さくて、口の悪

ボン　「村」と呼ばれた小さな首都
されど……

・ローマ帝国の軍事拠点から出発～2千年の歴史
・ケルン大司教の邸宅はカール・マルクスも学んだボン大学に
・楽聖ベートーヴェンの生誕地、そして西ドイツ初代首相アデナウアーの居住地（レンドルフ村）

カール・マルクス

ルートヴィヒ・ヴァン・ベートーヴェン

コンラート・アデナウアー

い外交団からは、ドイツ語で首都を意味する「ブンデスハウプトシュタット」ではなく、「ブンデスハウプトドルフ」、すなわち「村」と呼ばれていたボンですが、ボン市民は、その歴史に誇りを持っていました。

「シーザーのガリア遠征」以来、ローマ軍がゲルマン民族の居住していたこの地に攻め込んできて、ライン川沿いのボンにも軍事拠点が置かれ、そのためラテン語で「良い所」を意味する「BONN」からこの町が命名されたという言い伝えです。

ローマの歴史書にボンが登場するのは、1989年からちょうど2000年前、紀元前11年というのですから、気の遠くなるような話です。そして、ボンから50キロほど北の大都市ケルンには、中世ドイツ最大の教会が置かれ、その大司教の邸宅はボンにあって、それがその後ボン大学に置き換わりました。そのボン大学はドイツの各大学の中でも名門で、共産主義の元祖カール・マルクス（1818年、プロイセン・トリーア生まれ）もボン大学で学んでいます（1835〜36、その後〜41ベルリン大学）。

楽聖ベートーヴェンも、オーストリアのウィーンで活躍しますが、ボンに生まれた家が残っており、市役所のすぐ近くのこのベートーヴェンの生家は、ボンの最大の観光名所です。そこを訪問すると、晩年耳の聞こえなくなったベートーヴェンが使っていたホルンのように大きな補聴器が展示してあり、胸を打たれます。

また、戦後西ドイツの初代首相アデナウアーは、ボンの郊外に生まれ、戦前にケルンの市長となっていましたが、反ナチス的とにらまれて市長を辞め、迫害を受けながらも生き延びて、戦後初代の西ドイツ首相となりました。そしてその首都を米軍の意向をくんでフランクフルトとするかボンとするかの分かれ道の時に、1票差でボンとなったのは、アデナウアーの功績と言われています。

宿敵フランスとの関係修復を重視し、フランスの、当時は、シャルル・ドゴール大統領と組んでヨーロッパの中でドイツの地位を高めていったアデナウアーの政策は、今もドイツの保守政界、すなわちベルリンの壁崩壊当時のコール政権から今のメルケル政権に至るまで、しっかり引き継がれていると思います。

その、小さいながらも歴史と伝統のある美しいボンの町で、日本にいた時に比べれば、家族で外国旅行もできるというような考えられない平穏な落ち着いた時を私が過ごしていた頃、実は水面下で激しく国際情勢は変化していました。我々の予想をはるかに超えて。

１９８９年11月9日、突然ベルリンの壁が崩壊したのです。当時は、正直言って訳が分かりませんでした。それは突然始まったのか？　そんなふうにも思えました。

しかし、歴史に数々の奇跡はありますが、それには必ず引き金となる出来事があるものです。ベルリンの壁の崩壊、そしてドイツの再統一、冷戦の終了という一連の出来事は、冷静に振り返れば、ゴルバチョフの登場がそのきっかけと言えるのです。これを順に話していきたいと思います。

ベルリンの壁の変遷

- それは突然始まった？
- ゴルバチョフの登場が全ての始まり

ベルリンの壁建設（写真：アフロ）

ミハイル・ゴルバチョフ

ヨーロッパの中のドイツ

ボンとベルリン

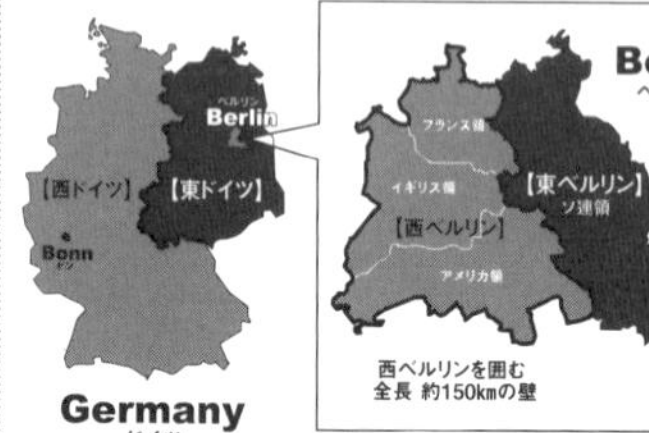

西ドイツと東ドイツ

ベルリンと東ベルリン

ベルリンの壁崩壊前
（写真：Alamy／アフロ）

ヨーロッパの中のドイツ、ボンとベルリンの位置関係、西ドイツと東ドイツ、西ベルリンと東ベルリンとを地図の上で確認してみてください。そして、この最初の図は、１９６１年８月13日に始まったベルリンの壁建設の模様です。

まず、ベルリンの壁崩壊を迎えるまでの戦後ドイツの歴史です。

日本は、昭和20年（１９４５年）８月14日に、７月17日～８月２日のベルリン郊外のポツダムで行われた米大統領ハリー・トルーマン、英首相ウィンストン・チャーチル、ソ連共産党書記長ヨシフ・スターリン三者の「ポツダム会談」を受けて降服を勧告する「ポツダム宣言」（７月26日の米トルーマン、英チャーチル、中華民国蒋介石名の共同声明）を受諾し、それを翌日、昭和天皇が玉音放送で国民に知らしめて終戦を迎えました。

８月15日が「終戦の日」となっていますが、国際法的には、降伏文書に調印した９月２日が正式の終戦の日のようです。日独伊三国同盟で米英仏ソ等連合軍と戦ったイタリアは、いち早く１９４３年に敗戦、脱落。その後、ドイツも日本より一足早く５月８日には敗戦・降伏していました。

なお、ポツダム会談は、その前の２月４日～11日、ソ連のクリミア半島の避暑地ヤルタで、米フランクリン・ルーズベルト、ソ連スターリン、英チャーチルの間で行われた「ヤルタ会談」を引き継ぐものであり、その中で米英とソ連との間で欧州分割が話し合われたことから、この「ヤルタ会談」が冷戦の発端となったものだと言われています。

ドイツは、米英仏ソ連合軍に占領され、米英仏とスターリンのソ連との対立が次第に深まる中で、１９４９年、それぞれの占領地で別々に西側「ドイツ連邦共和国」、東側「ドイツ民主共和国」として誕生しました。

その直前には、西ベルリンでの社会主義革命蜂起を期待して、ソ連が西ドイツと西ベルリン間の陸上交通を封鎖する「ベルリン封鎖」まで行われましたが、これを米空軍を中心として西ベルリンに物資を大量空輸する「空の架け橋」作戦でしのぎ、東ドイツの領域内で西ベルリンを残す形で、それぞれ独立したのです。

そして、１９６１年（昭和36年）８月13日には、東ベルリンからの人口の流出を防ぐため、ベルリンの壁が建設されてしまいました。当時のソ連フルシチョフの承認の下で行われたこの事態に対し、西ドイツ首相アデナウアーにも、米大統領のケネディにも阻止する術(すべ)はありませんでした。

ただその後、キューバ危機等を乗り切ったケネディが、１９６３年６月26日、西ドイツ、西ベルリンを訪問して、全世界の自由主義陣営の最前線に立って頑張っている西ベルリン市民を讃(たた)える演説を行いました。その「イッヒビンアインベルリーナー」のドイツ語を織り込んだ演説はあまりにも有名で、本年はそれから50年記念であり、ドイツではマスコミ

料金受取人払郵便

新宿局承認

2524

差出有効期間
2025年3月
31日まで
（切手不要）

郵便はがき

160-8791

141

東京都新宿区新宿1－10－1
（株）文芸社
愛読者カード係 行

ふりがな お名前		明治 大正 昭和 平成 年生 歳
ふりがな ご住所	□□□-□□□□	性別 男・女
お電話 番号	（書籍ご注文の際に必要です）	ご職業
E-mail		
ご購読雑誌（複数可）		ご購読新聞 新聞

最近読んでおもしろかった本や今後、とりあげてほしいテーマをお教えください。

ご自分の研究成果や経験、お考え等を出版してみたいというお気持ちはありますか。

ある　ない　内容・テーマ（　　　　　　　　）

現在完成した作品をお持ちですか。

ある　ない　ジャンル・原稿量（　　　　　　　　）

書　名			
お買上 書　店	都道　　　　市区 府県　　　　郡	書店名	書店
		ご購入日	年　　月　　日

本書をどこでお知りになりましたか?

1.書店店頭　2.知人にすすめられて　3.インターネット(サイト名　　　　)

4.DMハガキ　5.広告、記事を見て(新聞、雑誌名　　　　)

上の質問に関連して、ご購入の決め手となったのは?

1.タイトル　2.著者　3.内容　4.カバーデザイン　5.帯

その他ご自由にお書きください。

(　　　　)

本書についてのご意見、ご感想をお聞かせください。

①内容について

②カバー、タイトル、帯について

弊社Webサイトからもご意見、ご感想をお寄せいただけます。

ご協力ありがとうございました。

※お寄せいただいたご意見、ご感想は新聞広告等で匿名にて使わせていただくことがあります。

※お客様の個人情報は、小社からの連絡のみに使用します。社外に提供することは一切ありません。

■書籍のご注文は、お近くの書店または、ブックサービス(0120-29-9625)、セブンネットショッピング(http://7net.omni7.jp/)にお申し込み下さい。

ジョン・F・ケネディ

に大きく取り上げられました。

ケネディは、その年、テキサス州ダラスで暗殺されました（11月22日）。２０１３年、そのお嬢さんが新しい日本大使となられることは、私には、日独米のあるべき関係を象徴するようにも思えます。

統一までの歩み（１）
～東西分断の固定化～

- 1949年５月23日ドイツ連邦共和国（西ドイツ）誕生。「基本法」公布（「全ドイツ国民は、自由な自己決定により、ドイツの統一及び自由を完成することを引き続き要請されている」）
- 55年５月西ドイツ、北大西洋条約機構（NATO）に加盟
- 69年10月西ドイツブラント政権（社会民主党）発足、東西関係改善へ
- 72年12月東西両ドイツ「基本条約」に調印。相互の主権、国境の尊重を確認
- 73年９月国連に同時加盟

- 1949年10月７日ドイツ民主共和国（東ドイツ）誕生。「憲法」公布
- 53年６月17日東ベルリンで大規模な反ソ暴動も鎮圧
- 55年５月東ドイツ、ワルシャワ条約機構に加盟
- 61年経済政策の失敗等により西側への亡命者急増。８月13日「ベルリンの壁」建設
- 72年12月「基本条約」調印
- 73年９月国連に同時加盟
- 74年10月東ドイツ憲法改正し再統一の可能性ある字句をすべて削除

上に、統一までの歩みをまとめてみました。70年代から80年代前半、すなわちゴルバチョフの登場まで、東西分断の固定化が進みました。左側が西ドイツ、右側が東ドイツの動きをまとめています。

１９４９年５月23日に、「フェアファッスング」というドイツ語で「憲法」を指す用語を避け、「グルントゲゼッツ」基本法という名前での事実上の憲法の下に、西ドイツ・ドイツ連邦共和国は誕生しました。東側が含まれていない、またあえて言えば当然ドイツ領として帰属すべきポーランド領の一部等も意識して、その前文に、「全ドイツ国民は、自由な自己決定により、ドイツの統一及び自由を完成することを引き続き要請されてい

戦後ドイツの歴史
～最後の東西冷戦時代を振り返って～

- 1945年4月30日　ナチス総統ヒトラー率いるドイツ第三帝国は、ベルリンの総統官邸地下壕でのヒトラーの自決をもって消滅。
- 米、英、仏、ソの連合軍は、それぞれドイツを軍事占領。米、英、仏の占領地が西ドイツの、ソ連の占領地が東ドイツの領域となり、1949年に分裂して独立。
- 東ドイツの領域内のベルリンは、なお米、英、仏、ソ4軍の占領下に置かれ、米、英、仏の3軍の支配下の地域は、西ベルリンと呼ばれ、次第にソ連軍の支配する東ベルリンと対立。1948年6月、新ドイツマルクの導入をきっかけに、劣勢に立たされたソ連は、西ドイツ、西ベルリン間の出入路の全面封鎖「ベルリン封鎖」。米は、英、仏の協力でベルリン空輸援助「空の架け橋」を15か月続行し、西ベルリン存続。
- 1961年8月13日　東ドイツ、ベルリンの壁建設
- 1963年6月26日　米ケネディ大統領西ベルリンで演説

る」と記されていました。

他方、東ドイツでは、西ドイツよりちょっと遅れて、同年10月7日に東ドイツ・ドイツ民主共和国として「フェアファッスング」の下に誕生しました。

1953年6月17日には、大規模な反ソ暴動も起こりましたが、ソ連軍戦車で鎮圧され、西ドイツではこの日を、1990年10月3日に再統一されるまで、「統一のための記念日」として休日にしていました。再統一後は10月3日が新しい休日となり、6月17日は普通の日となりました。

冷戦体制の激化とともに、東西両ドイツも、この年表にあるとおりの経過を経て、分断が固定化していきました。

西ドイツでは、本来、東ドイツは統一ドイツの一部であり、独立の国家として認めないとしていたのを、アデナウアー時代は野党であった社会民主党ＳＰＤ（エスペーデー）のヴィリー・ブラント政権になってこれを修正し、１９７２年12月に、東西両ドイツが「基本条約」でお互いの国家を認めて外交関係を結び、翌年９月に、国連に同時加盟を果たしました。

当時、東ドイツは、西ドイツと別のドイツとして自国が存在するのは、西ドイツとＳＥＤ（エスエーデー）社会主義統一党の指導する「労働者と農民の社会主義国家」東ドイツとでは体制が全く異なるのだという点を強調し、そのために憲法も改正して、西ドイツとの相違点を強調するようになりました。万一にも西ドイツに吸収されて統一されるようなことがないようにしたものとも考えられますが、今から思えば、そのことが逆に体制の矛盾を深め、崩壊を招くに至ったと言えるかもしれません。

ちなみにブラント政権は、その後首相秘書官ギヨームが東ドイツ国家保安省（シュタージ）から送り込まれていたスパイであったことが発覚して退陣し、シュミット政権に代わっています。

かくして１９８７年３月に、私は家族（妻と男女２人の子ども）を連れて西ドイツに赴任しますが、その時、外務省から勧められて参考にして持っていったのが三省堂の『ドイ三省堂『ドイツハンドブック』
1984年６月25日第１刷発行

・第２次世界大戦の敗北と戦勝４大国による分割占領、それにつづく東西世界間の冷戦激化を経て、東西ドイツは、根本的に体制を異にする２つの国になった。両ドイツともそれぞれの体制の側に深く組み入れられて今日に至っている。両者を分ける「壁」―東西ベルリン間のそれを含めて―はますます固められ、近い将来、これが取り払われてドイツが再統一される可能性は予見されていない。

ツハンドブック』であり、１９８４年６月25日に第一刷が発行されたその本には、ドイツの政治状況として、「第２次世界大戦の敗北と戦勝４大国による分割占領、それにつづく東西世界間の冷戦激化を経て、東西ドイツは、根本的に体制を異にする２つの国になった。両ドイツともそれぞれの体制の側に深く組み入れられて今日に至っている。両者を分ける「壁」―東西ベルリン間のそれを含めて―はますます固められ、近い将来、これが取り払われてドイツが再統一される可能性は予見されていない」と書かれていました。

ボンの町でも、１９８９年の春には、連邦法務省や連邦建設省が新築整備されて、西ドイツ政府は東ドイツと統一して本来の首都であるベルリンに移転することを、もはや断念したのではないかと思われたくらいでした。

1989年当時の両ドイツ

国名	ドイツ連邦共和国 BRD（西ドイツ）	ドイツ民主共和国 DDR（東ドイツ）
面積	24.9万 km²	10.8万 km²
人口	6400万人	1600万人
首都	ボン（28万人）	ベルリン（115万人）
元首	リヒャルト・フォン・ヴァイツゼッカー大統領	エーリッヒ・ホーネッカー国家評議会議長（SED 書記長）
首相	ヘルムート・コール（CDU キリスト教民主同盟党首）	ヴィリー・シュトフ閣僚評議会議長（SED 政治局員）
政権党	キリスト教民主・社会同盟（CDU・CSU）と自由民主党（FDP）	社会主義統一党（SED）
通貨	西ドイツマルク	東ドイツマルク

分断が固定化されていた1989年当時の両ドイツの主な状況は、この表のとおりです。

西ドイツの方が東ドイツよりも面積も大きく、人口も多いので、当時国力の上で西ドイツが東ドイツを圧倒していたことは当たり前にも思えるのですが、建国当初は、社会主義の計画経済の体制下で東ドイツも発展し、社会主義圏の優等生、「社会主義圏の日本」と言われていた時期もあったのです。

しかし、この頃（1989年）は見る影もなく停滞し、ベルリンでも西から東に厳しいチェックを受けて移動すると、建物群のみすぼらしさなどからその差は歴然としていました。

しかし、1985年（昭和60年）に、ゴルバチョフが登場します。社会主義体制では、共産党のトップ・書記長が最高権力者であり、中国や北朝鮮にはその名残がありますからお分かりいただけると思いますが、議会制民主主義の社会とは全く異なります。

停滞した社会主義ソ連の体制を「ペレストロイカ」と「グラスノスチ」の理念の下に変革を図り、そのことは、共産党政治局の中でゴルバチョフのトップ就任を後押し（「諸君、この人物の笑顔はすばらしいが、鉄の歯を持っている」）した外務大臣として、日本にもなじみの深いグロムイコの予想を超えるものとなりました。1987年1月に、ゴルバチョフが、「我々は呼吸に空気が必要なように民主主義を必要としている」と述べたことを、ドイツの学者は指摘しています。

特に彼が、アフガニスタン介入の負担にあえいでいたという事情はあるにしても、1988年3月、ユーゴスラビアのベオグラードを訪問した時に、ワルシャワ条約機構の会議の際ではなかったかと思いますが、ブレジネフの提唱した、1968年の「プラハの春」をソ連軍戦車で弾圧したことを正当化する「制限主権論」、すなわち「社会主義を保護するために衛星国の国内問題にソ連は干渉する権利があるとする主張」を否定した「新ベオグラード宣言」を表明したことは決定的でした。

統一までの歩み（２）
～激動の1989年は平成元年～

- 1985年３月　ミハイル・ゴルバチョフ「ソ連共産党書記長」に就任。ペレストロイカ（改革）とグラスノスチ（情報公開）。86年４月　チェルノブイリ原発事故
- 88年３月　ゴルバチョフ「新ベオグラード宣言」でブレジネフ・ドクトリン（制限主権論）の否定と東欧諸国への内政不干渉表明
- 89年１月７日　裕仁昭和天皇崩御。２月15日　ソ連軍アフガニスタンから撤退完了。４月25日　ハンガリー駐留ソ連軍撤退開始。４月27日　松下幸之助没。５月　ゴルバチョフ中国訪問。６月　ゴルバチョフ西ドイツ訪問、熱狂的歓迎。６月３日　イラン・ホメイニ没。６月４日　中国天安門事件。６月24日　美空ひばり没。７月２日　ソ連グロムイコ没。７月14日　仏アルシュ・サミット。７月16日　西ドイツカラヤン没。８月25日　ハンガリー・西ドイツ極秘首脳会談、東ドイツ市民の大量脱出「ヨーロッパピクニック運動」開始。10月７日　ゴルバチョフ東ドイツ建国40周年記念式典に出席「遅れて来た者は罰せられる」。10月18日　東ドイツホーネッカー議長退陣。11月９日　東ドイツ国境を開放、「ベルリンの壁」の崩壊。12月２・３日　ゴルバチョフと米ブッシュ大統領「マルタ会談」で冷戦の終結を宣言。12月25日　ルーマニア、チャウシェスク大統領夫妻銃殺刑。

そして1989年を迎えます。昭和天皇が1月7日に崩御され、日本は平成元年となりました。この年表に記したとおり、まさに激動の1989年です。

昭和天皇はもとより、日本でもドイツでも各界で、美空ひばりや松下幸之助、カラヤンなど〝帝王〟や〝神様〟と言われた人が亡くなり、時代の変わり目を迎えます。

8月末には、「ヨーロッパ・ピクニック」と呼ばれたオペレーションが成功します。ゴルバチョフの新ベオグラード宣言に勢いを得て、ポーランドやチェコと並んで自由化を進めていたハンガリーで、東ドイツから避暑名目で来ていた東ドイツ人に対し、オーストリアとの国境の鉄条網を切って、オーストリア、さらには西ドイツに逃げ込めるようにしたのです。

このために、ゲンシャー外相が密かにブダペストに飛び、ドイツからの経済支援の見返りとしてハンガリー政府を取り込んだことが後で分かりました。

また、この作戦には、旧ハプスブルク王家の子孫で、ヨーロッパ議会の議員でもあるオットー・フォン・ハプスブルクも関わっていたことは、後で日本のNHKでも報じられました（1993年12月19日　NHKスペシャル「ヨーロッパ・ピクニック計画～こうしてベルリンの壁は崩壊した～」）。

しかし、当時はそれは分かりませんでした。我々の知らないところで、ドイツを取り巻く世界が激しく変化していることに、あっけにとられていました。

ただ、6月のゴルバチョフのボン訪問は、私も目撃し、ボン市庁舎の前で熱狂的なボン市民の歓迎を受けるゴルバチョフの姿を、まさかこのことがベルリンの壁の崩壊、東西冷戦の終焉（しゅうえん）にまで繋（つな）がっていくとは考えも及ばず、しかし、このドイツ人の熱狂は何なのだと自問していたことを思い出します。

10月にゴルバチョフが東ドイツを訪問して「自由化への体制改革」を渋るホーネッカーを叱責（「遅れてきた者は、罰せられる」）し、彼を失脚させたことが大きな弾みとなりました。

東ドイツ政府は、ホーネッカー失脚後、体制維持のグリップが弱まり、10月9日、ライプツィヒでの「報道と旅行の自由」を求める7万人のデモから始まった嵐のような「月曜デモ」（11月6日ライプツィヒ50万人のデモ「ドイツ1つの祖国」を求めるもの）もあって、自由化を求める東ドイツ国民の動きを止めることができなくなりました。強権的手段に訴えようにも、後ろ盾になってくれるはずのソ連軍の支えはありません。そして11月9日、SED執行部の決定伝達の齟齬（そご）（シャボウスキー報道官）があり、ベルリンの壁は崩壊しました。

予想もしなかったことが起こってしまったのです。そして、12月2・3日、地中海のマルタ島で、東西冷戦の東の代表・ソ連のゴルバチョフと、西の代表・米のブッシュが会談（「マルタ会談」）して、冷戦の終結を宣言したのでした（ヤルタからマルタへ）。

ベルリンの壁崩壊から、東西ドイツの統一がわずか1年以内に達成されることを、当初予想した者はほとんどいなかったと思います。しかし、ドイツの政権与党の中では、この機会を逃してはいけない、何としてもこの機会をものにするのだと、政治家と官僚が一体となって大車輪で取り組んでいました。

統一までの歩み（３）
～1990年10月３日ドイツ統一～

・1990年２月10日　コール首相訪ソ。ゴルバチョフ両ドイツの早期統一を容認。２月13日　カナダ・オタワでNATOとワルシャワ条約機構の外相会議。「２＋４」（両ドイツと米・英・仏・ソ戦勝４か国）の設置決定。３月１日　コール首相ドイツ統一は「基本法23条」による東ドイツの編入方式が望ましいと表明。３月18日　東ドイツ人民議会の総選挙（初の自由選挙）で保守ドイツ連合が圧勝。４月18日　両ドイツ内相（ショイブレとディーステル）会談で夏までに国境の検問廃止を合意。４月24日　両ドイツ首相会談。５月５日　ボンで第１回「２＋４」会議。５月18日　「通貨・経済・社会同盟の創設のための国家条約」調印。７月10日　ヒューストン・サミットでソ連の民主化推進で共同努力を宣言。ソ連共産党大会でゴルバチョフ書記長再選。７月15・16日　独ソ首脳会談でゴルバチョフ統一ドイツのNATO帰属容認。８月31日　「ドイツ統一達成のための条約」調印。９月12日　モスクワで第４回「２＋４」会議。「ドイツに関する最終的規定に関する条約」（ドイツ統一最終条約）調印。「米・英・仏・ソは、ベルリンと全ドイツに関する権利と責任を終了せしめ、もって統一ドイツは対内的にも対外的にも完全な主権を持つ」「統一ドイツは、西ドイツ、東ドイツ及び全ベルリンにより構成され、統一ドイツは将来にわたり他国に対する領土要求を行わない。また、統一後、ポーランドとの間で現状の独・ポ間国境を確認する条約を締結する」
・10月３日　ドイツ統一（再統一）
・11月９日　ゴルバチョフ　ボン訪問「独ソ善隣友好協力条約」に調印
・11月19日　パリで全欧安全保障協力会議（CSCE）首脳会議で「22か国共同宣言」調印
・12月２日　ドイツ統一選挙で保守陣営勝利

40ページの「～1990年10月3日ドイツ統一～」の最初の記事は、「90年2月10日コール首相訪ソ。ゴルバチョフ両ドイツの早期統一を容認」となっていますが、その3日前の2月7日に、ドイツ政府内にコール首相を委員長とする「ドイツ統一」という閣僚委員会を設け、その中には、財務大臣を主管とする「通貨同盟の創設と財政問題の分科会」、経済大臣を主管とする「東ドイツの経済改革の進展、エネルギー、環境、インフラ問題の分科会」、労働・社会秩序大臣主管の「労働と社会秩序の調整と教育、訓練問題の分科会」、法務大臣主管の「法律問題、特に両国の法律の調整問題の分科会」、内務大臣主管の「国家構造と公秩序問題の分科会」、そして外務大臣主管の「外交と安全保障問題の分科会」の6つのワーキンググループが設けられ、大急ぎで作業を始めていました。

そして、野党社会民主党SPDの首相候補者・ラフォンテーヌの異議などがありましたが、早期統一には、基本法23条（「この基本法は、さしあたり、バーデン、バイエルン、ブレーメン、大ベルリン、ハンブルク、ヘッセン、ニーダーザクセン、ノルトライン・ヴェストファーレン、ラインラント・プファルツ、シュレースヴィヒ・ホルシュタイン、ヴュルテンベルク・バーデン、およびヴュルテンベルク・ホーエンツォレルンのラント領域で適用される。その他のドイツの部分では、基本法は、ドイツ連邦共和国への加入後に効力を生じるものとする」）を適用して、東ドイツを編入するのが近道との方策に意思統一をし、主管のショイブレ内務大臣が中心となり、東ドイツのデメジエール政権の首相府政務次官のギュンター・クラウゼと強力に交渉を進めたのでした。

統一の形は、基本法23条を適用することをうたった両国家間の「ドイツ統一の達成のための条約＝統一条約」が、8月31日に両国で調印され、両国の議会でも批准されて、10月3日の統一へと進んだのですが、実際には、西ドイツ財務大臣テオドール・ヴァイゲルと東ドイツ財務大臣ヴァルター・ロンベルグとの間で交渉された「通貨・経済・社会同盟の創設のための国家条約」が5月18日に両国で調印され、勝負がつきました。

7月1日から東ドイツにも西のドイツマルクだけを有効な通貨として運用し、かつて実勢価格3分の1から4分の1くらいだったのが、壁崩壊後は15分の1から20分の1くらいまで暴落していた東ドイツマルクを、西ドイツマルクと1：1の扱いで買い取って、東ドイツ国民の経済的不安の解消を図り、一挙に早期統一への流れを作ったのです。基本法23条による編入統一は、この頃東ドイツの側からむしろ声高に叫ばれるようになっていました。

両ドイツ国内の動きはそのように収斂（しゅうれん）させていくかたわら、ドイツを取り巻く戦勝国4か国との間の法律関係の決着も実に巧みに行われました。

英サッチャーの大ドイツ復活への脅（おび）え。サッチャーはなんとかドイツ統一を阻止しようとゴルバチョフに直訴しかけたそうです。ドイツが拡張主義に走るとすれば、たとえばポーランドとの国境問題について、戦後のオーデル・ナイセ線をどうするかという問題が生じるのですが、ポーランドのオーデル・ナイセ線外側の旧ドイツ領難民問題を所管する内務大臣ショイブレは、この問題を心配する米ブッシュ政権のベーカー国務長官に対し、「ドイツはポーランドとの今の国境線を変更する気持ちはない。その証拠に東ドイツ統一と同時にそれを可能にする基本法23条の規定は削除する」と表明して米の信頼を得、それを実行したのでした。

英も結局このような流れには逆らえず、「2＋4」の会談積み重ねの結果、9月12日には、「ドイツに関する最終的規定に関する条約」をモスクワで調印し、国際法的にはなお米英仏ソ4軍の占領下に置かれていたベルリンの主権も、ドイツに完全回復させるに至ったのでした。

今少し話しましたが、世紀の事業・ドイツ再統一を成し遂げたその裏側には、どのようなことがあったのでしょうか？　ここで「統一の裏側」を見てみたいと思います。

1989年という年は、本当に不思議な年でした。ボンの町が歴史に登場して2000年という話は、既に申し上げましたが、社会主義の理念にも影響を与えたフランス革命（自由、平等、博愛）から200年という記念の年でもありました。

統一の裏側

- 1989年は、フランス革命から200年の記念の年。ボン市はローマ軍の要塞から2000年記念。そして昭和から平成に。
- 第2次大戦の当事国の指導者の中で最後の生き残りであられた昭和天皇の崩御から激動が始まったことは、単なる偶然か？
- 「統一して首都をベルリンに」の願望も非現実的。ボンの官庁街の整備に合わせ、日本大使館も雑居ビルから独立庁舎へ移転計画。近い将来の統一は全くの「想定外」だった。
- 他方で西ドイツ政府は、ハンガリーとの秘密外交で、経済援助と引き換えにオーストリアとの国境の鉄条網を開く「ヨーロッパピクニック運動」を実行し、東ドイツを揺さぶり。
- 東ドイツ国内では、ゴルバチョフ訪問後、自由化を求める月曜デモの嵐。
- 「ペレストロイカ」「グラスノスチ」のゴルバチョフは、東ドイツ訪問時「遅れて来た者は罰せられる」と東ドイツの自由化を求める。

一昨年エリザベス女王の父上ジョージ6世をモデルとした「英国王のスピーチ」、原題は「キングズスピーチ」という映画がアカデミー賞を取って日本でも話題になりましたが、ジョージ6世は第二次世界大戦開戦時のイギリス国王で、日本は昭和天皇です。「キングズスピーチ」を上回る「エンペラーズスピーチ」を行って、昭和天皇はあの太平洋戦争を終息させました。昨年「終戦のエンペラー」というアメリカ映画、原題は「エンペラー」ですが、それで紹介されて、昭和天皇の偉大な役割についての認識を新たにした方は多いのではないでしょうか。

私は、ドイツで『レーデン』という本を1989年に入手して、昭和天皇の終戦についての役割の偉大さを、ドイツでむしろ評価していることを知りました。

この本は、「世界を動かした名演説」という副題のドイツ語の本なのですが、その中には、第1次十字軍遠征の呼びかけを行ったローマ教皇ウルバヌス2世の演説やら、あのベルリンのケネディ演説、そしてペレストロイカのゴルバチョフ演説など、古今東西の世界を動かした名演説が掲載されています。しかし、日本人では、内村鑑三の日本でのキリスト教紹介の演説と、昭和天皇の終戦の詔勅だけが掲載されているのです。

昭和天皇畏るべしです。そして、第二次世界大戦の開戦の指導者、スターリン、ルーズベルト、チャーチル、蔣介石等、皆亡くなったあとの最後の生き残り、昭和天皇が崩御された年に、その第二次世界大戦の人類への最大の負の遺産「冷戦」が解消していくきっかけが始まったことを、歴史の偶然とだけで片づけていいものかという気がしてなりません。

他方、その冷戦の遺物は、中国しかり北朝鮮しかり、依然としてアジアでは厳然として残っているということは残念でなりません。

ゴルバチョフが全ての始まりだったことは、既に申し上げました。

このゴルバチョフの与えたチャンスについて、実は西側の受け止め方は複雑でした。サッチャー首相は、大ドイツを警戒し、海部首相が訪独した時の1990年1月のベルリン市庁舎でのパーティーでも、パーティーに出席していた英軍司令官夫人にまで、統一についての情報収集に当たらせるほどでした。

また、アデナウアー・ドゴールの関係を見習って、コール・ミッテランの盟友関係を築き上げていたと見られていた仏のミッテランでさえ、国内では「私はドイツが好きだ。だから1つよりも2つあったほうが良い」と冗談を飛ばしていたそうです。

しかし、サッチャーのように本気になって足を引っ張ったわけではないので、今回のサッチャーの葬儀の時（ゲンシャー元外相「ドイツにとっては、彼女は与しやすい相手ではなかった。子供時代の第二次大戦の記憶がドイツ統一を躊躇させ続けた」）と違って、ミッテランの葬儀には、コール自身も出席して涙を流していました。

1990年1月の日本の海部総理の西ドイツ訪問は、その警備が私の最後の大仕事でしたが、ボンの首相官邸での海部総理からの今後のドイツ統一の見通しについての質問に対し、「これは難しい。最低10年はかかるだろう」とコール首相が答えていたのは、足を引っ張るサッチャー向けのカモフラージュだったようです。

そして、そのかたわらショイブレ内相以下側近に対しては、「時機を逸してはいけない。

何としても1年以内に統一する」と発破をかけ、それに応えて、ワーキンググループを設けて取り組んだドイツ政府内では、政治家と官僚が一体となって、これを達成しました。

かつてノイゼル事務次官の秘書官として私のカウンターパートであったシュナップアウフ博士も、連邦内務省警察局から憲法局に一時は左遷されていたのが、巡り合わせでこの統一条約の法案の担当課長となり、ショイブレ内務大臣以下、省内のワーキンググループの中心となって活躍し、見事にこの統一条約を仕上げたことは、残念ながら日本に紹介されなかったショイブレ内務大臣の「統一条約」策定の回顧録を読んで初めて知りました。シュナップアウフ氏を改めて仰ぎ見て尊敬し、そして羨ましく思ったことでした。

日本でも、首相が短期間で交代するというこの政治障害を克服し、安定した政治運営の下で、政治家と官僚が一体となって取り組むことができれば、必ずや日本の現下の数々の大問題も解決への道が開けるのではないかと期待しています。

そして、その環境を作り出すのは、国民です。国民の力です。政治家と官僚と国民が一体となって取り組めば、「東京オリンピック」だって呼び込むことができたではありませんか。

ベルリンの壁崩壊から20年の記念の年、２００９年の10月31日に、ドイツ統一、冷戦の終了の立役者３人がベルリンに集い、顔を合わせました。その時、コールは、

統一の裏側（続）

・ドイツ統一を支援する西側の動きは、決して一枚岩ではなかった。
・英のサッチャーは「大ドイツ」を警戒するあまり、情報収集に躍起となり、ゴルバチョフに統一を止めさせるよう直訴した。

マーガレット・サッチャー

フランソワ・ミッテラン

・盟友の仏ミッテランでさえ「私はドイツが好きだ。だから１つよりも２つあった方が良い」の言。

・ドイツ政府は、ゴルバチョフを支援し、米ブッシュに毎週のように報告に行って２超大国から OK を取り付けた。

ジョージ・H・W・ブッシュ

ヘルムート・コール

・90年１月の海部総理訪独時「統一には最低10年はかかる」と答えたコール首相発言は、英向けのカモフラージュ。

「誰も信じていなかった統一を成し遂げたのは誇りだ」

と言い、父ブッシュは、

「壁崩壊とドイツ統一は、冷戦を終わらせただけでなく、2回の世界大戦の傷跡を消し去った」

と言いました。これに対して、ゴルバチョフは、

「政治家ではなく、国民が英雄だった」

と語ったそうです。

ゴルバチョフって、やはりすごい政治家だなと思います。池上彰氏ばかりでなく、私も、20世紀最大の政治家はゴルバチョフではないかと思っているところです。

時間が参りました。本日は、拙い話に皆様の貴重なお時間を拝借し、誠に申し訳ありませんでした。ご静聴ありがとうございました。


（了）

おわりに

２０１３年に石川県警察本部（金沢市）で行ったこの講演は、拙著『ドイツ統一と天皇』（２０１９年）の中で触れている事柄がほとんどだが、現天皇が浩宮殿下当時の昭和62年（１９８７年）11月に西ドイツを訪問され、西ベルリンの「日独センター」のオープニングセレモニーに出席された話は紹介していない。時間の関係で省略したものだが、ドイツ統一と天皇という文脈では、是非とも話しておきたい事柄であった。

日独センターは、当時の中曽根総理訪独時に西ドイツのコール首相と合意して、ベルリンのティアガルテンにあった戦前駐独日本大使館だった建物を、日独交流の拠点として再建しようとしてできたもので、その完成のオープニングセレモニーに浩宮殿下が派遣されて出席されたのであった。

１９８７年当時、日本はバブル景気の真っただ中で、日本車に対する打ち壊しのあった米国に限らず、西ドイツでも日本への反感が現れだしていた。その中で、浩宮殿下をお迎えし、式典に出席していただくボンの日本大使館では、殿下の警備が大きな課題で、その責任は警察庁から出向している私にかかっていた。

ドイツの連邦警察の元締めである連邦内務省の外局の連邦刑事庁ＢＫＡ（ベーカーアー）の警備総局に、日本から来る警備の細かい注文を取りつなぎながら、必死に警備態勢の格上げの陳情を行い、何とか実現した時の喜びは今でも忘れられないものがある。

何よりもうれしかったのは、ドイツの警備官の中で日本の皇室に敬意を払い、積極的に警備に当たってくれた者が多かったことである。「日本の皇室には姓がないと聞くが本当か」と聞いてきた者がいたり、殿下の警備のお礼のお土産品を本当にうれしそうに受け取ってくれたり、ありがたいことだった。

日本に対する反感への懸念は、殿下の地方視察の際に、具体的にはミュンヘン視察の際に最も大きかったが、結果は、シュトラウスＣＳＵ（キリスト教社会同盟）党首でバイエルン州首相のひと言で一蹴された。

日本大使館では、ドイツ政界の保守の大物シュトラウス氏への殿下の表敬訪問を企画したが、シュトラウス氏は形だけの15分の時間しかとってくれなかったのである。バイエルン州の州都ミュンヘンの州首相官邸に到着した殿下に対し、1対1で通訳を入れただけの応接室での会談を案内したシュトラウス氏だったが、15分の予定の会談は大幅に延びて30

分過ぎにようやく終わり、仏頂面から満面の笑みに変わったシュトラウス氏が応接室の扉を開けて殿下を先導し、次の訪問予定先のシュツットガルトのベンツ社に向かう車列へと恭しく殿下を見送って、振り返った時だった。事前にシュトラウス氏と打ち合わせをしていた官房長官が、

「浩宮との会談はいかがでしたか」

と声をかけたところ、シュトラウス氏はそれをビシッとさえぎり、

「今なんて言った。浩宮じゃない。徳仁親王殿下だぞ」

と官房長官をたしなめたのである。

ドイツ語では、「浩宮」は「プリンツヒロ」、「徳仁親王殿下」は「ザイネカイザーリヒェホーハイト・プリンツナルヒト」となるのだが、殿下にお会いする前の官房長官との打ち合わせでは、自分もプリンツヒロと言っていたシュトラウス氏が、官房長官のプリンツヒロ発言を聞きとがめて言い直させたのである。まるで終戦後、昭和天皇がGHQのマッカーサー司令官に呼びつけられ、米国大使館に赴かれた時、初め傲岸とも思える態度だったマッカーサーが、会見後、非常に恭しい態度に変わったことを思い起こさせるものではなかろうか。

今上天皇畏るべし。日本外交にとって、皇室外交はまさに切り札であることを実感した

瞬間だった。

今上天皇にとっても、１９８７年11月の日独センターのオープニングセレモニーでベルリンを訪問され、分断された東西ドイツのベルリンの壁、そこから見えた東側のブランデンブルク門の印象は強烈だったようである。

２０１９年2月23日の皇太子として最後になる誕生日の記者会見で、今上天皇はそのことに触れ、「冷たい壁」と表現されたのだった。その2年後にこの壁が崩壊し、ドイツ統一へと向かったことに特別の感慨をお持ちだったのである。

ドイツ統一後、日独センターは、ボンの日本大使館に取って代わり、新しい駐独日本大使館に生まれ変わった。戦前、日本大使館であったものが復活したのである。

そして、この大使館の隣には、駐独イタリア大使館が建っていると言えば、何という偶然であろうか。歴史の不思議を感じざるを得ない。

拙著『ドイツ統一と天皇』は、副題を「ドイツ駐在の思い出」として、当時のボンの日本大使館の駐在官として経験させてもらったことの一部を披露させていただいた。駐在官としては、カウンターパートのドイツ人だけでなく、日本からドイツを訪問する日本人への便宜供与も重大な任務である。浩宮殿下の警衛をはじめとして竹下首相や海部首相の警護のほか、さまざまな業務とお客様への対応に当たった。

その中では交通関係が比較的多く、日本の交通安全対策を西ドイツの連邦交通安全協会の関係者に紹介する講演のお手伝いや、その過程で一般のドイツ人のアジア極東の日本に対する抜きがたい優越感と嫉妬の感情を知ることができたり、他方で日本の交通安全対策もしっかり研究してドイツの交通安全対策に採り入れている連邦交通省の官僚のしたたかさにも触れることができたりしたことは、貴重な経験であった。

日本からのお客様も、ドイツ出張の緊張を自宅でくつろいでもらったり、周辺の観光地を案内したりして精一杯の応接につとめたが、ケルンにある州立美術館を案内した時に出張者から発せられた質問には驚かされた。

その美術館は中世の宗教画が多く展示され、キリストの磔刑図(たっけいず)が並んでいて辟易(へきえき)するくらいなのだが、その絵の中のキリストの頭の上には「ＩＮＲＩ」という文字が描かれていることに気がついた出張者から、「このＩＮＲＩは何ですか？」という質問が出たのである。

何人かこの美術館には案内したが、こんな質問をしてきたのはこの出張者が初めてで、面食らうとともに自分も即答できず、しまったと思ったものだが、調べてみれば、ＩＮＲＩとは、「ユダヤの王・ナザレのイエス」とキリストのことをラテン語で省略して指す言葉だったのである。すなわち、「イエーズス・ナザレウス・レックス・ユダエオルム」の頭文字だったのだ。ラテン語では、「Ｊ」と「Ｉ」が同じ字で使われることから、「インリ」として神の子キリストを指して、ヨーロッパキリスト教文明の根幹にかかわるものだったのである。

このキリスト教がロシア、ウクライナではロシア正教として広まったわけだが、このロシア正教と今回のロシアのウクライナ侵略との関係は非常に重要で、微妙な問題である。今のロシア正教会のモスクワ総主教キリル１世がウクライナ戦争を支持していることは、プーチンの大きな心の支えとなっているものと思われる。

また、冷戦の終結の中で、ＮＡＴＯとワルシャワ条約機構との関係の問題は、１つの争点として、西ドイツだけでなく統一ドイツがＮＡＴＯの一員として承認されるかという形で議論され、それがゴルバチョフによって承認されたことは明らかになっている。

しかし、その後ソ連が解体し、ワルシャワ条約機構がなくなった後のＮＡＴＯとロシアとの関係は、大変難しい問題である。

東欧革命、ソ連解体後、国際法と国際連合による承認のもとでそれなりに出来上がっている現在のヨーロッパの国境線を、勝手に無視して他国を侵略する権利がロシアにあるとはゴルバチョフも思っていなかったはずである。

ゴルバチョフよりもスターリンを尊敬しているかのようなプーチンの政策が、今後もロシア国民から支持されるようであるならば、ロシア国民は戦前の日本の道を歩むつもりかと言いたくもなる。ロシア国民の覚醒を祈るばかりである。

（了）

著者プロフィール

宮越　極（みやこし　きわむ）

昭和28年　石川県生まれ
昭和47年　金沢大学附属高校卒業
昭和51年　東京大学法学部卒業

昭和52年に警察庁入庁後、埼玉県警察本部警務部長、徳島県警察本部長、茨城県警察本部長、国際警察センター所長、中国管区警察局長等を経て、平成24年、関東管区警察局長で退職。この間、内閣官房、外務省、公安調査庁等に出向。

平成24年以降、大成建設株式会社監査役、日本生命保険相互会社顧問、あいおいニッセイ同和損害保険株式会社顧問等を務める。

埼玉県在住。

著書
『ドイツ統一と天皇　ドイツ駐在の思い出』（2019年、文芸社）

続・ドイツ統一と天皇　新冷戦の始まり

2024年10月３日　初版第１刷発行

著　者　宮越 極
発行者　瓜谷 綱延
発行所　株式会社文芸社
〒160-0022　東京都新宿区新宿1－10－1
電話　03-5369-3060（代表）
03-5369-2299（販売）

印刷所　株式会社フクイン

ISBN978-4-286-25577-4